Die Texte und Fotos sind Einreichungen anlässlich des Wettbewerbes „Frauenhände sprechen Bände“, ausgeschrieben von der SPÖ Frauenorganisation Oberösterreich, Sonja Ablinger.

Frauenhände

edition
innsalz

Johanna Reinthaler (Hrsg.)
Frauenhände

herausgegeben von:
Wolfgang Maxlmoser



Aspach – Wien – Meran
A- 5252 Aspach, Pfarrgrund 3
Telefon: ++43/664/3382412
Fax: ++43/7755/7258-4
Homepage: www.edition-innsalz.at
E-mail: edition.innsalz@ivnet.co.at


ISBN 978-3-900050-71-9
1. Auflage, Jänner 2006
2. Auflage, Mai 2006

Layout: Wolfgang Ströher
Titelbild: „Freundschaft“, Caroline Tanner, Mödling

Sonja Ablinger, Johanna Reinthaler (Hrsg.)

# Frauenhände

Herzlichen Dank!

Wertschätzung und Verbundenheit sei all jenen Frauen ausgedrückt, die zur Entstehung dieses Buches beigetragen haben. Stellvertretend für sie möchten wir zwei Frauen hervorheben: Johanna Reinthaler vom Verlag edition innsalz für die ausgezeichnete Betreuung der Buchentstehung.
Besonderer Dank gebührt auch Anneliese Zimmermann, bei der die Fäden zusammen liefen. Gewohnt, in die Hände zu spucken, wenn´s drauf ankommt, leistete sie einen ganz wesentlichen Beitrag.

Liebe Leserin!
Lieber Leser!

Sie halten ein Erstlingswerk in Händen – ein sehr besonderes Druckwerk. Es ist das gemeinsame Erstlingswerk von oberösterreichischen Frauen. Im Herbst des Vorjahres haben wir Oberösterreicherinnen eingeladen sich künstlerisch zum Thema „Frauenhände sprechen Bände" zu Wort zu melden und nun finden sie in diesem Buch die prämierten Beiträge. Die Texte und Fotos, die uns zugeschickt wurden, waren allesamt beachtlich und viele eröffneten uns einen neuen überraschenden Blick. Für alle Einsendungen möchte ich mich herzlichst bedanken, vor allem auch dafür, dass wir so die Gelegenheit hatten, die künstlerische Ausdruckskraft vieler Frauen kennen zu lernen.

Die Arbeit von Frauen ins Zentrum zu stellen war das gemeinsame Anliegen des Foto- und Literaturwettbewerbes. Hierzulande ist es nicht anders als überall auf der Welt: alle Frauen arbeiten mehr unbezahlt als bezahlt. Auch Frauen, die Vollzeit erwerbstätig sind, arbeiten insgesamt mehr Stunden „für einen warmen Händedruck" als gegen Entlohnung.

Arbeit von Frauen wird landläufig als selbstverständlich angesehen und auch deswegen gering bewertet und bezahlt. In den letzten Jahren hat sich die Differenz zwischen weiblichen und männlichen Erwerbseinkommen wieder vergrößert. Wir gehen auch in Europa auf eine Entwicklung zu, die es vielen Frauen kaum ermöglicht von ihrem eigenen Lohn oder Gehalt zu leben. Trotzdem arbeiten Frauen durchschnittlich 70 Stunden in der Woche für andere: bezahlt und unbezahlt. Obwohl sie mehr arbeiten, erhalten sie weniger finanzielle Abgeltung.

Die Politik hat vor dem Hintergrund von Einkommensgerechtigkeit noch einen weiten Weg vor sich. Unser Wettbewerb ist in diesem Zusammenhang die künstlerische Aufforderung zu sehen was ist: was Frauen leisten ist so vielfältig und unverzichtbar, so notwendig und herausragend, dass die Beendigung der Geringschätzung und Unterbewertung eben dieser Arbeit zu den dringendsten Aufgaben unserer Zeit gehört.

*Sonja Ablinger*
*Frauenvorsitzende*
*SPÖ Oberösterreich*

## Zum Geleit

Eine der Fragen, die sich eine Schriftstellerin immer wieder stellt, ist „was wäre, wenn ...?“. Was wäre, wenn die Welt von Frauen regiert würde? Was wäre, wenn Männer Kinder bekämen? Und was wäre, wenn es keinen Krieg und keinen Hunger mehr gäbe?
Fragen, über die es sich nachzudenken lohnt. Mögliche Antworten finden sich als Roman, Gedicht oder Drehbuch wieder, niedergeschrieben von Schriftstellerinnen, die im Innersten getrieben sind, immer und immer wieder „Was wäre, wenn...?“ zu fragen.
Was wäre, wenn Frauenhände aufhörten, all die vielen unbezahlten und unbezahlbaren Dienste zu verrichten, die sie von jeher erledigen? Stünde die Welt still? Wäre die Welt noch lebenswert? Eine interessante, eine spannende Frage.

Die Frauen, die sich in diesem Buch Gedanken über Arbeit, Schönheit, Schaffenskraft, über das Festhalten, das Loslassen, das Geben und Nehmen gemacht haben, beschenken uns mit ihrer Hände Leistung und wunderschönen, klugen Gedanken, die in ihren Texten zum Ausdruck kommen. Frauen um die literarische und fotokünstlerische Umsetzung ganz persönlicher Gedanken zu Händen und zur „Handarbeit“ zu bitten, war der Versuch, zu sensibilisieren. Nie hätten wir damit gerechnet, derart viele Geschichten von wirklich beeindruckender Qualität und künstlerischer Reife vorgelegt zu bekommen. Eine Auswahl zu treffen, war schwer.
Ich beglückwünsche jede Frau, deren Text in dieses Buch aufgenommen wurde, zu ihrer außergewöhnlichen Leistung, und ich bedanke mich dafür, dass sie mich und uns alle an ihren Gedanken teilhaben lassen.

Was wäre, wenn dieses Buch nicht erschienen wäre? – Die Literaturszene wäre um ein sehr wesentliches Werk ärmer, meine Hand drauf.

*Monika Krautgartner*
*Schriftstellerin, künstlerische Leitung*

## begreif die begriffe

angriffn
hingriffn
zuagriffn

greif des net an
greif mi net an
greif zua

mach die net angreifbar
des begreif i net
do greifst net her
durt greifst net hin

sei net so begriffstützig
greif zua bei da oabeit
aoba greif net noch de stern

*Alina Krausneker, Linz*

*Christine Derfler, Steyr*

## Reise nach Sarajevo

24. Oktober 1996. Meine Reisetasche ist gepackt. Schon seit drei Tagen. Aber dennoch ertappe ich mich immer wieder dabei, all die Dinge noch mal herauszunehmen und zu kontrollieren, ob ich auch tatsächlich nichts vergessen habe. Das Ergebnis ist schon drei Tage lang dasselbe: Alles Abreise bereit!
Nur noch wenige Stunden dauert es nun, bis der Bus vor der Tür steht und die lange und möglicherweise beschwerliche, vielleicht auch gar nicht so ungefährliche Fahrt beginnt. Reiseziel: Sarajevo. Nur wenige Monate nach Kriegsende. Sicherlich würde es viele andere Flecken auf dieser Erde geben, an denen man sich jetzt hinsehnt. Die Nachbarin erzählte mir vor kurzem über ihre Erlebnisse am weißen Sandstrand von Cancun. Und dennoch gäbe es keinen Platz der Welt, an dem ich mich zur Zeit mehr hinwünschen würde, als diese vom Krieg gezeichnete Stadt, die einstmals Austragungsstätte der olympischen Spiele war.
Der Bus fährt endlich vor, hupt kurz, und ohne es so richtig zu realisieren ist meine Tasche auch schon verstaut und ich sitze inmitten von aufgeregten Frauen. Wir sind zu zehnt. Alle anderen sind jünger als ich. Kein Wunder. Es geht also los.

Es ist noch finster. Ich bin überhaupt nicht müde. Viele Gedanken schießen mir durch den Kopf, während ich aus dem Fenster schaue und versuche, Umrisse der noch im Dunkel liegenden Landschaft zu erfassen.
Wie kam es bloß dazu, dass ich mich jetzt in diesem Bus voller Frauen befinde, die sich wahrscheinlich das gleiche denken werden, wie ich? Mein Sohn befindet sich in einem Auslandseinsatz des österreichischen Bundesheeres in Bosnien-Herzegovina. Ein Einsatz unter NATO-Kommando. Das erste Mal, dass Österreicher unter NATO-Kommando

im Ausland Dienst versehen. Wie war noch der Name dieser Truppe? IFOR – Implementation Force.
Und mein Sohn ist da auch dabei. Er hatte vor kurzem diese Idee: Wie wär's, wenn die Soldaten ihre Frauen und Freundinnen einladen würden und nach Sarajevo kommen lassen? Ein paar Tage, in denen sie den Nachkriegsalltag ihrer Männer hautnah erleben können. Und wir zehn Frauen haben diese Mühen nicht gescheut. Mit mir hat mein Sohn wahrscheinlich gar nicht gerechnet. Wer erwartet schon, dass die Mutter plötzlich in einem Militärlager auftaucht? Die anderen Frauen sind Gattinnen und Freundinnen von Soldaten. Ich die einzige Mutter. Während der Fahrt habe ich sicherlich Zeit genug, um mich mit ihnen bekannt zu machen.

Endlich der Grenzübergang in der Nähe von Bihac. Von weitem sehe ich meinen Sohn, der gerade am Funkgerät steht und wahrscheinlich dem Hauptquartier in Sarajevo von unserer Ankunft am Grenzübergang berichtet.

Was mich wohl erwarten wird? All die Dinge, die wir uns zu erzählen hatten sind mir noch jetzt, neun Jahre später, genau in Erinnerung. Das einprägendste Erlebnis aber werde ich sicherlich nie vergessen – diese Frau im Militärlager meines Sohnes.
Amira hieß sie. Sie war „Local-Worker", eine einheimische Frau, die Reinigungsdienste im Camp machte. Was mir sofort an ihr auffiel waren ihre Hände. Tiefe Furchen, viele Falten. Risse. Am Handrücken stark gerötet. Die eine Hand sah irgendwie so aus, als wäre sie aus Papier. „Die soll bloß nicht zu hart arbeiten", denke ich mir. Diese Haut sieht aus, als würde sie sehr leicht einreißen. Amira war damals 20 Jahre alt. Wer sie nur flüchtig ansah, dem wären die Abnützungserscheinungen an ihren Händen sicherlich nicht aufgefallen.

„Sie ist nicht die einzige, die so aussieht“, erwähnte mein Sohn. „Während des Krieges dürften diese Frauen ganz schön was mitgemacht haben. Bisher hat aber niemand eine Antwort bekommen, der diese Frauen darauf angesprochen hat, was sie denn in den Kriegsjahren erlebt hätten.“
„Wundert mich nicht.“, dachte ich mir. Wer spricht schon gern mit fremden Soldaten über Erlebnisse während des Kriegs?

Am nächsten Tag suchte ich den Kontakt mit einem Dolmetscher. Er sollte mir helfen, ein wenig über das Leben dieser Frau herauszufinden. Wir machten einen Spaziergang durch Sarajevo. Mein Sohn, Amira, der Dolmetscher und ich.
Über den Dächern Sarajevos begann ich zu verstehen. Die verwelkten Hände Amiras zeigten auf eine Grünfläche inmitten der Stadt. „Dort vorne, das achte Grab links neben dem Baum habe ich mit bloßen Händen gegraben. Mein Bruder.“ Sie erzählte, was mir bereits bei der Fahrt durch die Stadt aufgefallen war. Fast jedes Fleckchen Wiese, das man finden konnte, wurde als Friedhof verwendet. Hunderte, tausende Gräber. Zwischen Häusern. In den Parks. Auf den Hügeln rund um die Stadt.

Die anderen Grünflächen, die nicht als Grabstätten dienten, wurden genutzt, um während der mehrjährigen Belagerung Gemüse anzubauen. Da standen wir nun vor ihrer ehemaligen Wohnung. Sie zeigte uns den schmalen Grünstreifen zwischen Straße und Hausmauer. „Hier habe ich Kartoffeln gesetzt!“ Sie kniet sich nieder und beginnt zu graben. Jetzt findet sie allerdings nichts mehr.
Sie zeigt mir die Hände und erkennt an meinem Blick, dass ich geschockt bin. „Diese Hände haben das Überleben meiner Familie gesichert!“, erzählt sie. „Meine Mutter

wurde von einem Granatsplitter getroffen." Wir gehen in ein Zimmer mit einem Riesenloch in der Wand. Das muss wohl fast zwei Meter groß sein. „Hier hat die Granate eingeschlagen", erzählt Amira. „Meine Mutter hat überlebt. Täglich musste ich die Verbände wechseln. Um an Wasser zu kommen, mussten ich mit anderen Frauen zusammen einen Schützengraben ausheben. Mit bloßen Händen. Schaufel gab es keine. Nur so konnten wir geschützt zu den Wassertankwägen gelangen, die von der UNO unregelmäßig hergeschickt worden waren. Blut und Schmutz wurden dann schnell von den Händen weggewaschen." Ich stand immer noch mitten in dem Loch in der Wand. Amira sprach von den Tagen nach dem Granateinschlag, wo sie die zersplitterten Ziegel zusammensetzte und das Loch zu stopfen versuchte. „Es war ja mitten im Winter", erinnerte sie sich. Sie zeigte mir einen Schnitt, der vom Handrücken bis zum Ellenbogen reichte. „Da war ich ungeschickt und habe mich an einem Stein aufgeschürft. Es war finster, denn wir konnten nur im Dunkeln einigermaßen sicher arbeiten. Ich muss diesen Stein mit seiner scharfen Kante wohl übersehen haben." Einen Finger hat sie sich gebrochen. Damals, als die Wand wieder einmal eingestürzt war. „Ich habe aufgehört zu zählen, wie oft ich das Loch reparieren musste", sagt Amira.

Ihre Mutter lebt noch heute. Stolz hält sie mir ihre Hände vor das Gesicht. „Schau her! Heilende Hände!" Sie lacht laut. „Holzhacken musste ich auch lernen, denn die Winter waren kalt". Heute steht kein einziger Baum mehr in Sarajevo. Die wurden alle benötigt, um die kalte Jahreszeit zu überleben.

Wieder zurück im Militärlager beobachte ich, wie sie mit allen möglichen Putzmitteln hantiert. Mir wäre das zuviel Chemie. Sie taucht mit einem Schwamm ein. Warum verwendet sie bloß keine Handschuhe? „Hauptsache die Fliesen glänzen wieder!“ lächelt mich Amira an.

Wieder zuhause, unterhielt ich mich mit meiner Mutter. Zum ersten Mal befragte ich sie bewusst über ihre Erlebnisse im Krieg, und ob auch ihre Hände so gelitten hätten. Und jetzt erst wurde es mir so richtig klar. Auch die Hände meiner Mutter waren da, um anzupacken, um zu beten, um zu heilen, um zu helfen.

Auch meine Mutter war damals 20 Jahre alt. Genau wie Amira. Diese Frauenhände sprechen nicht nur kleine Geschichten, diese Frauenhände sprechen Bände.

*Dorli Buttinger, Bad Goisern*

*Leben: Polytechnische Schule Perg, Fachbereichsgruppe Dienstleistung, Gesundheit, Soziales*

**vollkommen**

sie wurde geboren wie jedes andere kind
herzzerfließend hilflos
winzige vollkommene finger
winzige vollkommene zehen
und beinahe nur mund
nur mund und augen
riesige unschuldige augen
und alles
alles lag in ihren händen
in den händen
die aus dem schultergelenk wuchsen
diese hände würden kaum
"normal" zu gebrauchen sein
nur wenig würde sie je
mit ihnen tun
erschaffen können
aber ihr wille war wie eine starke hand
was ihr menschengier vorenthalten hatte
schuf sich ihr zäher wille
er formte sich den mühsamen alltag
er erhob sich über den spott
und die mitleidigen blicke
und er nahm hindernisse
denen oft sogar ein kind
mit gesunden händen ausweicht
ihr bewundernswerter wille
erschuf aus ihren füßen
vollendete hände

hände
die streicheln
hände
die fest zupacken
malende
liebende
göttliche hände
nur die toten augen
seelenblinder menschen
glauben in ihnen
füße zu erkennen

*Ich habe meinen Text „vollkommen" als Liebeserklärung allen Mädchen und Frauen gewidmet, die ihre Hände dem gedankenlosen Experimentieren der Pharmaindustrie opfern mussten.*

*Elfriede Grömer, St. Pantaleon*

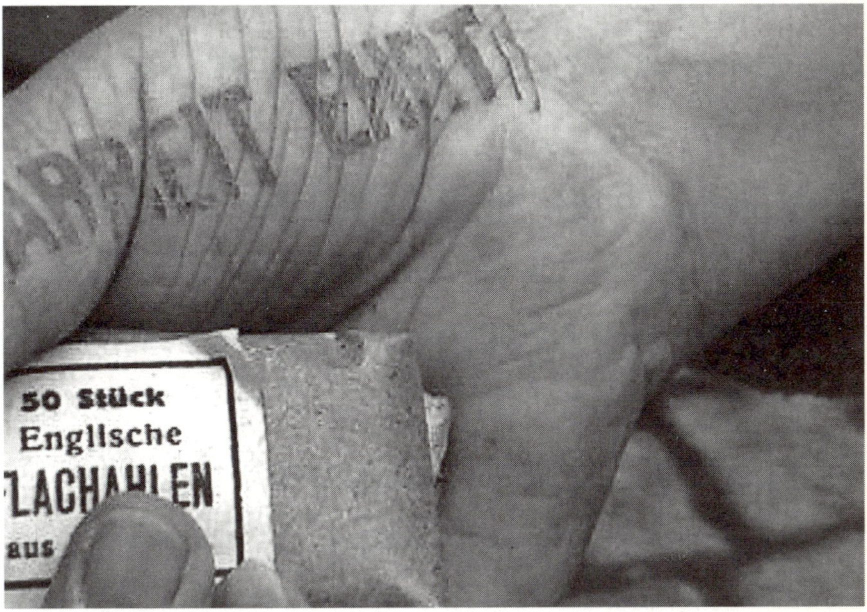


*Arbeit ehrt: Bernadette Huber, Steyr*

## Für die Beste von allen

Ich möchte ganz besondere Hände beschreiben. Hände, die mittlerweile fast 60 Jahre alt und mit Altersflecken übersät sind.
Es sind die Hände meiner Mutter Gertraud, die bis heute darunter leidet, dass ihre Hände nichts „Richtiges“ gelernt haben.

Sie ist die einzige Tochter der Familie neben zwei älteren Brüdern. Ihre Mutter war schwer behindert, durch Gelenksrheuma am ganzen Körper gelähmt. Der Vater war Eisenbahner im Schichtdienst und die Buben mussten „etwas Gescheites“ lernen. So blieb die Pflege der kranken Mutter schon bald in den Händen der jungen Gertraud.

Die brauchte nichts zu lernen. Die jungen Hände pflegten gerne, halfen beim Essen, beim Anziehen und bei der Körperhygiene. Ohne Groll, nur aus Liebe zur Mutter, jedoch mit leiser Wehmut, keinen Beruf zu haben.

Jahre später heiratete Gertraud meinen Vater Anton, der bedingungslos mithalf, wo er konnte, weil einfach nichts anderes in Frage kam. Es war sicher eine harte Zeit, Gertraud bekam zwei Kinder, das Elternhaus wurde mit diesen Händen ausgebaut und die kranke Mutter wurde immer noch gepflegt. Und in langen Nächten löteten diese Hände noch Ketten zusammen, um in Heimarbeit ein paar Schillinge dazuzuverdienen.

Nebenbei wurden wir Kinder gestreichelt und zur Selbstständigkeit erzogen.

Heute versuchen mein Bruder und ich, wenigstens ein bisschen etwas an diese Hände zurückzugeben.
Hände, die sehr viel Wichtiges geleistet haben.

Jetzt sind ihre drei Enkelkinder der Sonnenschein der späten Jahre.

*Susanne Aigenbauer, Mauthausen*

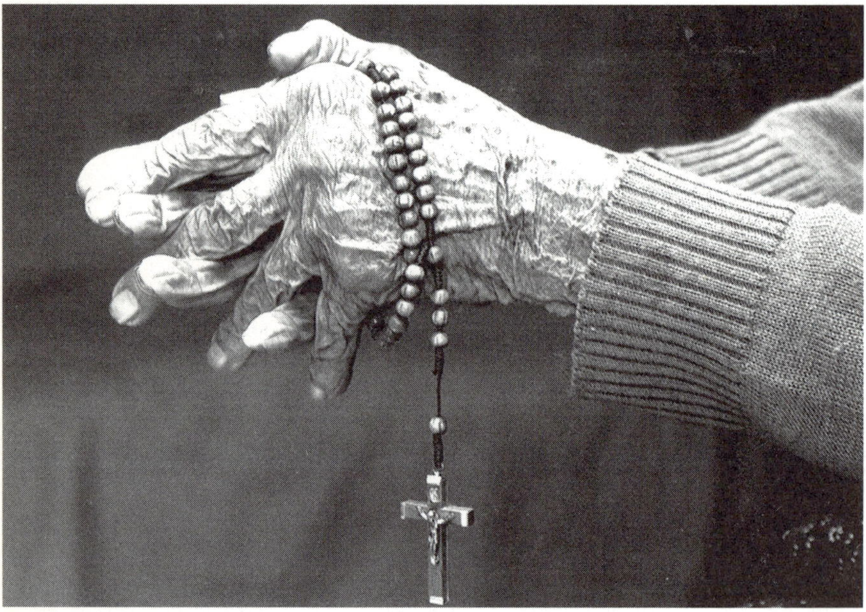

*Wohlverdiente Ruhehände: Elisabeth Laimer, Arbing*

## Spaziergang am Strand

Durch den Regen am Strand spazieren gehen
Die Füße im Wasser
Wettlaufen mit den Wellen
Muscheln suchen
Und Steine
Deine kleine Hand hält meine große
Meeresrauschen
Möwengeschrei
Erinnern - Vergessen
An die Ewigkeit
Des Gewesenen glauben

*Dr. Christine Roiter, Linz*

*verschlungen: Polytechnische Schule Perg, Fachbereichsgruppe Dienstleistung, Gesundheit, Soziales*

## Sabine

Sabine sah sich kurz in den *Hand*spiegel, steckte ihn wieder in ihre *Hand*tasche und zog die *Hand*schuhe an. „Ich bin doch nicht sein *Hand*langer“, dachte sie wütend und löste die *Hand*bremse um wegzufahren. „*Hand*arbeiten, seine Kaschmirpullover mit *Hand*wäsche reinigen, den Vorplatz mit dem *Hand*besen kehren...“ murmelte sie vor sich hin. „Und immer eine ruhige *Hand* haben, damit mir bei den Kindern nie die *Hand* ausrutscht.“
Sie fuhr unkonzentriert und suchte etwas im *Hand*schuhfach. Schließlich fand sie den *Hand*zettel, auf dem ihr Erwin *händisch* die nächsten Besorgungen aufgeschrieben hatte, die sie erledigen sollte.
Sabine kam ins Sinnieren. „Wie war das doch damals? *Hand in Hand* durch die Welt wollten wir gehen, *Händchen haltend* sind wir im Kino gesessen. Die *Hand hätte ich für ihn ins Feuer gelegt. In festen Händen* wollte ich sein. Wie glücklich war ich, als er *um meine Hand angehalten* hat. *Im Handumdrehen* waren wir verheiratet. Sie wischte sich mit dem *Handrücken* eine Träne von der Wange. Und jetzt? Jetzt *hat er mich in der Hand*, glaubt er! Sabine schnaubte verächtlich. Wie habe ich ihn geliebt! Seine schöne *Handschrift*, seinen *Handkuss*, den er so zärtlich andeuten konnte, seine *handwerklichen* Fähigkeiten. Es ging ihm alles so *flott von der Hand*. Wenn sie ihn brauchte war er sofort *bei der Hand*. Er half ihr, wo es nur ging. Sie hätte ihm fast *aus der Hand gefressen*. Es lässt sich nicht *von der Hand weisen*: Erwin war in den ersten Jahren ihres gemeinsamen Zusammenlebens ein wunderbarer Mann. Alles, was er *in die Hände kriegte*, wurde auch

etwas. Er konnte überall *Hand anlegen*, im Haus, im Garten, alles gelang ihm. Eine wunderbare Zeit.

Sabine bog zu einem kleinen Café ein, parkte den Wagen und ging hinein. „Einen Orangensaft", bestellte sie. „Aber *handgepresst*, bitte!" „Es *liegt doch auf der Hand*", murmelte sie halblaut zu sich selbst, „so kann es nicht weitergehen!" Sabine massierte sich das *Handgelenk*, das noch immer von der vom Tragen der schweren Taschen schmerzte. Der *Handballen* und der *Handwurzelknochen* schienen auch entzündet zu sein. Die kleinen, aber lästigen körperlichen Beschwerden nahmen bei Sabine in der letzten Zeit *überhand*. Sie trank langsam an ihrem Saft und dachte nur an Erwin. Was er sagt, hat doch *weder Hand noch Fuß*, er *legt die Hände in den Schoß* und mir bleibt alles, vom Haushalt bis zur Kindererziehung. Ihre Mutter hatte schon vor langer Zeit *die Hände über dem Kopf zusammengeschlagen*, als sie die Situation ihrer Tochter zu Hause mitbekommen hatte. „Mein liebes Kind", hat sie damals zu Sabine gesagt, „mein liebes Kind, du darfst es dir nicht gefallen lassen, dass er überall seine *Hände im Spiel* hat, nur nicht bei deiner Unterstützung daheim. Schau Sabine", meinte die Mutter, „Erwin ist ein Typ, wenn man dem *den kleinen Finger reicht, nimmt er gleich die ganze Hand*!"
Wie Recht sie hatte, dachte Sabine. Was tut Erwin? Tennis spielen, *Vorhand, Rückhand*. Etwas anderes hat sie lange nicht mehr von ihm gehört. Doch, *Handball*. Handball spielt Erwin aber nur zwei Mal im Monat, dafür drei Mal wöchentlich Tennis. Er ist sehr sportlich, sicherlich. Ein *Handstand*, ein *Handüberschlag*, das ist für ihn kein Problem. Im *Handumdrehen* war er einer der Besten im

Club. Sabine war davon überzeugt, dass sie viel zu früh schon die Gleichwertigkeit innerhalb ihrer Beziehung *aus der Hand gegeben* hatte. *An Hand* von unzähligen Beispielen rechnete sie jetzt geistig mit Erwin ab.

Sie stand auf und ging zur Toilette. Vor dem Spiegel wusch sie sich lange die *Hände*, als wolle sie all ihre Vergangenheit abwaschen. Sie trocknete ihr Finger unter dem *Händetrockner*. Dann nahm sie ein *Papierhandtuch* und wischte die unhübschen Spuren der Wimperntusche unter ihren Augen weg.
„*Hände hoch*" hätte sie am liebsten Erwin ins Gesicht geschrieen, „legt ihm *Handschellen* an und führt ihn ab!"
Der Frust nahm wieder *Überhand* und Sabine überlegte für den Bruchteil einer Sekunde ob sie nicht selbst *Hand anlegen* sollte. Eine kleine *Handgranate*...? Nein. *Hand aufs Herz*. Mit Brutalität und Gewalt lässt sich kein Konflikt lösen.
Was aber hat sie gegen Erwin *in der Hand*? Es geht ihnen ja nicht wirklich schlecht, sie müssen nicht *von der Hand in den Mund* leben. Was sollte sie tun? Wie sollte sie sich entscheiden? Es bestand akuter *Hand*lungsbedarf.
Sabine dachte daran, sich vielleicht *aus der Hand lesen* zu lassen, aber diesen Gedanken verwarf sie sofort wieder. Unsinn. Scharlatanerie. Menschen, die so etwas anbieten, denken doch auch nur daran, *die Hand aufzuhalten*.

Sie betrachtete lange ihre zerschundenen *Handflächen*, dann warf sie den Kopf in den Nacken, machte sich selber wieder Mut und ging zurück ins Café.
Sie hatte bei der Partnerwahl keine *glückliche Hand* gehabt. Soviel stand fest. Und sie war sich auch im Klaren,

dass es so nicht mehr weitergehen würde. Man hat ihr vor kurzem außerdem *hinter vorgehaltener Hand* zugesteckt, dass Erwin nach dem Tennisspielen immer noch sehr lange mit Elvira im Buffet sitzt. Es war zwar keine Neuigkeit *aus erster Hand*, aber immerhin. Sollte wirklich auch noch eine andere Frau ihre *Hände im Spiel* haben? Sabine war aber zu müde, um auch noch diesem Gedanken intensiver nachzugehen.

Aus. Von jetzt an würde sie ihr Leben *in die eigenen Hände* nehmen. Sabine bestellte sich einen Espresso und einen kleinen Cognac. Mit einer schnellen *Handbewegung* kippte sie den Alkohol hinunter und spürte die sofort einsetzende wärmende Wirkung. Sie beschloss, ab jetzt ihr Leben selbst zu bestimmen. Sie nahm einen Zettel aus ihrer *Handtasche* und fertigte eine kleine *Handskizze* an. Die würde sie dem Taxifahrer geben, denn der Weg zu ihrer Freundin war etwas kompliziert. *Eine Hand wäscht die andere*, dachte sie. Denn auch sie hatte sich ihrer Freundin schon in so mancher Stunde gewidmet, wenn diese Kummer oder Sorgen hatte. Ich fahre jetzt zu Monika und werde bei ihr übernachten, entschied sich Sabine. Ich werde Monika bitten, so lange bei ihr wohnen zu dürfen, bis entweder Erwin erkennt, was er an mir hat oder eben nicht. „Zahlen bitte“, sagte Sabine in energischem Ton und strich sich mit der *Hand* eine Haarsträhne aus dem Gesicht.
Ein Taxi war schnell zur Stelle und brachte sie zu Monika. Sabine saß richtig erleichtert im Auto und war plötzlich mit sich und der Welt ein klein wenig zufriedener. Sie hatte sich wieder voll und ganz *selbst in der Hand.*

*Helga Feller-Höller, Steyr*

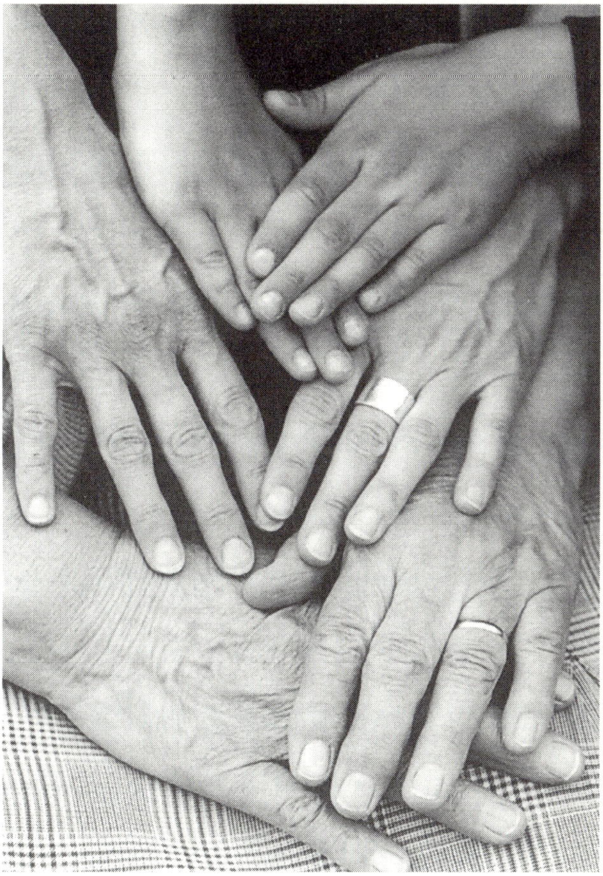

*Mag. Karin Hummer, Thalheim bei Wels*

## Still – Leben

liegen sie still
regt sich nichts
keine Arbeit
keine Pflege
keine Liebe
liegen sie still
versinkt die Welt
in Dreck
in Leid
in Einsamkeit
liegen sie still
ruht das Treiben
schläft das Leben
liegt die Erde still

*Martina Sens, Pramet*

*Wurzel: Hannelore Mollnhuber, Linz*

## Praktisch und kommod

Meine Hände sprechen seit 55 Jahren Bände.
Sind so ungeschminkt wie mein Gesicht.
Ich finde für mich, sie sind ein Gedicht.
Sind kurz, kräftig, fast immer warm, praktisch und kommod.
Bleiben sie mir so erhalten, werd ich noch lange nicht marod.

*Ulrike Schweiger, Leonding*

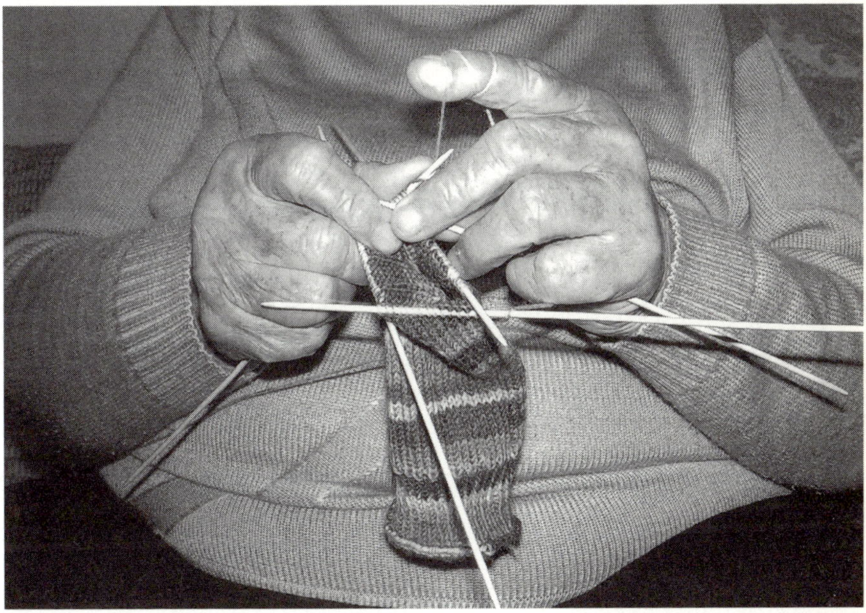

*Hände sorgen für warme Füße: Margarete Hochstöger, Linz*

## Herz, Hirn und Hände

Mutter, warst Bäurin, warst Magd und auch Knecht,
nur zum Frausein hattest du kaum ein Recht.
In den Jahren des Krieges, ohne Mann und in bitterer Not,
hast den Teig du geknetet zu einem Laib Brot.
Hochschwanger hast du schwere Säcke geschleppt,
das ungeborene Kind hat das nicht überlebt.
Und doch hast du nie aufgegeben,
denn Liebe und Arbeit waren ein Bestandteil im Leben.
Hast Wäsche gewaschen in Bottich und Wannen
und kein Bettler ging mit leeren Händen von dannen.
Hast Kühe gemolken und Butter gerührt,
mir die Haare gekämmt und meine Wangen zärtlich berührt.
Hast genäht bis spät in die Nacht,
wie hab ich mich gefreut, als du mir aus einer Decke einen Mantel gemacht.
Hast die Sense geschwungen und Samen gesät
und ich weiß, diese Zeilen als Dank kommen zu spät.
Deine Finger wurden bucklig und krumm,
über ungepflegte Hände zu lästern ist einfach nur dumm.
Hast Unkraut gejätet, bis der Rücken tat weh
und man trat dir auf's Herz, nicht nur auf die Zeh'.
Hast alte Ziegel beklopft und Mörtel gerührt
und heimlich die Sehnsucht nach Ruhe und Rasten verspürt.
Hast die Enkel geschaukelt, als schon gezittert die Hand,
warst einfach ein Baustein an unserem Land.
Du konntest dich selbst verschwenden in Liebe zu Mensch und Tier
und das alles kam von deinen Händen, dafür danke ich dir.
Warum ich's geschrieben, ich weiß es genau,
denn auch ich bin nur eine Frau.

*Pauline Seyr, Au/Donau*

*Mutterhände: Polytechnische Schule Perg, Fachbereichsgruppe Dienstleistung, Gesundheit, Soziales*

## Zum Handschlag

Müde. Marie starrt vor sich auf den Boden. Erschöpft. Der Oberkörper bricht. In sich zusammen bricht er. Vornüber geneigt, die Ellbogen aufgestützt auf den Knien. Ein zerschlissener Kittel bedeckt ihn. Und in die Hände hinein hat sie den Kopf gelegt. Ein blaugeblümtes Tuch umschließt ihn, hält zusammen, was es an Gedanken zu sammeln gibt. Auffangen will sie diese, noch einmal, um sie schließlich preisgeben zu können.
Ich werde noch wahnsinnig, flüstert sie. Die rechte Hand schlägt auf die Stirn. Will festnageln oder heraushämmern. Sie weiß noch nicht was. Auf alle Fälle spürt sie es da drinnen. Dort sitzt der Wahnsinn. Von da heraus kommt das Gedankengebräu, darin brodelt und gärt es. Erst seit kurzem, sagt sie. Ich habe nie daran gedacht, sagt sie. Und versteht nicht warum.
Jetzt schmeißt sie der Wust an Gedanken zurück auf das Sofa. Wie ein Haufen Müll entlädt er sich. Und macht aus ihr einen Haufen Elend. So jedenfalls fühlt sie sich. Ich kann nicht mehr, sagt sie. Und redet weiter, erzählt weiter. Sag's aber niemandem, sagt sie. Über Tote klagt man nicht.
Und als Marie aufblickt, bemerke ich ein waches, helles Flackern in ihren Augen. Der verschwommene Schleier ist wie weggeblasen. Von der Seele geredet, denke ich. Vielleicht endlich befreit. Sie atmet tief und schwer. Ich möchte weinen. Einfach drauflos weinen. Wein du, dann kann auch ich, bettle ich insgeheim. Aber Marie weint nicht, nicht mehr. Sie hat sich ausgeweint in den Worten, in den Gedanken, die sie soeben losgelassen hat. Aber Marie, sage ich, warum hast du nicht längst geschrien, lauthals heraus geschrien. Dann hätte ich dich viel besser verstanden. Und ich spüre eine riesige Last. Lange getragen. Und jetzt wird sie leichter. Ich flüstere nur, es

tut mir Leid. Sie schüttelt den Kopf. Leid?, was soll dir Leid tun? Du hast doch nichts...! Richtig, sie hat Recht. Ich habe nichts getan. Nichts mit meinen Händen. Ich habe nur das Bild, das verrückte, entstellte, in mich versenkt. Und das ließ mich nicht mehr begreifen. Wie sollte ich verstehen, dass sie nicht mehr aus dem Haus gehen, keine Leute mehr sehen wollte? Wie sollte ich begreifen, dass ihre Worte hart, steinharte Brocken geworden waren, über die ich wochenlang nachdachte. Nur weil ich sie ernst genommen hatte. Ich hatte sie als Antworten und Fragen eines Menschen dieser Welt gesehen. Aber Marie war nicht mehr von dieser Welt. Längst nicht mehr. Zu lange habe ich gebraucht, das zu verstehen! Jemand, der so lebt wie sie, jemand der so gelebt hat wie sie, kann nicht anders. Die muss man lassen. Nur so kann sie am Leben bleiben. Und ich höre zu.
Das kann ich dir bieten, Marie. Ich kann dir keine Ratschläge geben, weil du den Blick meiner Welt nicht verstehst. Du würdest dich aufbäumen, über jedes Wort von mir würdest du dich erzürnen. So wie du es all die Jahre über getan hast. Du verstehst nichts, würdest du sagen. Und dein Entsetzen würde mich wieder erschlagen, wegtreiben, hinter die große Wand, die endlich einen Spalt geöffnet hat, einen Blick zulässt. Und darum, Marie, kann ich nur zuhören und versuchen zu begreifen. Zehn, fünfzehn Jahre Missverständnis kann ich ablegen. Eine Wahnsinnslast. Verdammter Unrat. Ich wollte dich, du wolltest mich, formen, ich dich passend in meine Welt, du mich passend in deine Welt. Und daran sind wir gescheitert. Kalt ist es geworden. So kalt. Vor lauter Weghören müssen, ist die Wand zwischen uns gewachsen. Turmhoch. Nicht mehr zum „Derschreien". Wände können sich eindicken, kriegen Dämmschichten und werden zu Schutzwällen. Keine Berührung. Statt dessen nur Angst. Und so haben wir geredet. Jahrelang. Jeder für sich. Spärlich.

Ein verhaltenes Spiel. Die Worte sind hängen geblieben am Mauerwerk, haben sich in den Fugen und Ritzen verfangen. Die Mauer stand schwer. Du hast geredet. Und ich habe geredet. Und das Mauerwerk hat ausgestrahlt. Eiskalt. Du konntest den Kachelofen heizen so viel du wolltest. Er wämte nicht. Nicht mehr unsere Worte. Nicht mehr unsere Körper. Zieh deine Jacke aus, sagte ich. Es ist viel zu warm hier drinnen. Aber du hast dich verwehrt. In meinem Alter braucht man das, hast du gesagt. Und dich versteckt in dem Selbstgestrickten. Von Kopf bis Fuß nur Selbstgestricktes. Kein Flecken frei. Nur deine Hände. Deine abgearbeiteten Hände. Voller Schwielen und Klüfte. Von der Kälte, sagst du. Die Kälte zerreißt die Haut. Auch wenn sie noch so abgehärtet ist. Du lässt mich schauen. Deine Handteller. Nein, Handschalen sind es.

Gekrümmte Knochen, Muskeln, die nicht mehr strecken können, die Finger erstarrt. Seit wann hast du sie nicht mehr gefaltet, zum Gebet ausgerichtet, gestreckt? Ich kann nicht mehr. Nicht mehr beten, sagst du. Soll ich danken für das, was sie mir alle angetan haben? Wen soll ich bitten? Marie schaut verzweifelt verloren. Ich war immer so gläubig, sagt sie. Und jetzt. Ich kann nicht mehr. Wenn du nicht mehr an die Menschen glauben kannst, wie sollst du dann an Gott glauben. Marie hadert mit sich selbst. Darf man so etwas sagen? So wenige Jahre vor dem Abgang. Wer soll ihr einmal die Hand auf die Stirn legen und die Absolution erteilen? Marie schaudert bei dem Gedanken daran und denkt ihn nicht zu Ende. Unbemerkt haben sich die Finger ineinander gelegt. Ineinander gefügt, reißverschlussartig, Finger neben Finger. Schwiele neben Schwiele, Schmerz an Schmerz. Jetzt, da Marie ihre verkümmerten Knochen ineinander verkeilt, sich die gerundeten Finger wie Zahnräder ineinander legen, jetzt erkenne ich, dass Leute wie sie nicht anders können. Mit

gekrümmten Händen kann man nicht mehr zum Himmel zeigen.
Gib, sage ich. Reich mir deine Hände. Lass mich darin lesen? Deine Hände sind so rau! Der Schmutz lässt sich nicht mehr aus den Poren waschen, die Handlinien haben sich zu Gräben gefurcht. Wie soll ich darin Zukunft erkennen? Gras gemäht, Futter eingebracht, gemolken, ausgemistet, deine Hände sind müde. Zu lange waren sie das Werkzeug für andre. Schon als Kind unter Schelte und Schlägen. Das hast du gelebt, sage ich. Leg deine Hände in den Schoß! Ich weiß um ihre Leistung, ihr Vermögen. Heute auch um die Ausbeute und all das Unrecht. Und darum Marie, du hättest es verdient. Und ich drücke ihre Rechte, sachte ... Ich will sie nicht mehr ausrichten, begradigen. Dieses unsinnige Unterfangen ist abgelegt. Es war Unwissenheit, entschuldige. Solche Hände zu begradigen, nur um sie mit den meinen verbünden zu können. Nein, Marie, das war vermessen. Meine Freuden waren für sie nur betrogene Last. Deine Hand kann sich auch so in meine legen, ich kann mich in deine Schale fügen, meine Hand ist noch jung, elastisch. Sie kann die Krümmung ertasten. Kann sich anschmiegen. Für die paar Momente lässt sich das ertragen. Nachher, wenn ich nach Hause gehe, werde ich zwar noch immer die Kerben spüren, die rauen, tiefen Sprünge, ich werde sie mitnehmen als ein Stück von dir, aber sie gehören mir nicht, sind nicht Teil meiner Hand. Nicht einmal eine Leihgabe sind sie, weil ich dir deine Hand nicht entziehen kann, ja, das auch gar nicht brauche. Niemand würde das von mir wollen. Schon gar nicht du.
Welch ein Missverständnis, dass ich die vielen Jahre über deine Hand erwischen und festhalten wollte. Mit der Frische der Jugend wollte ich sie mitreißen, mit dem wachen Erleben sie mitfühlen lassen. Ich wollte ihr die Sprünge nehmen und war doch ohnmächtig, dies zu tun. Zu sehr hast du

dich gewehrt. Und plötzlich waren auch Kerben in meinen eigenen Händen. Und die Kraft blieb dran hängen. Dort, wo die Wunden versteinern.
Stattdessen haben wir Gräben zugelassen und Mauern gebaut. Deine Sprünge sind dir geblieben, sie sind deine Sprünge. Ich kann dir die Wehmut nicht nehmen, auch nicht deinen Schmerz und, Marie, ich kann nicht deine Arbeit tun. Ich kann dich nur ... segnen.
Schau, auch meine Hände werden weiter arbeiten, schreiben und zeichnen und streicheln. Berühren. Sie tun Dinge, die deine Hände nicht tun können. Nie gekonnt haben. Und wenn auch meine Hände kaum Schwielen und Risse und Hornhäute haben, sie tun doch. Spürst du das, Marie, hörst du? Hast du noch soviel Gefühl in deinen Händen? Auch meine Hände tun Arbeit. Ihre Arbeit. Marie hörst du, Marie spürst du?
Zart sind sie, sagt sie, so weich. Und ihre Sehnsucht glaubt an das Kind. Marie, ich bin kein Kind mehr. Auch du musst mich lassen.

*Edeltraud Wiesmayr, Vöcklabruck*

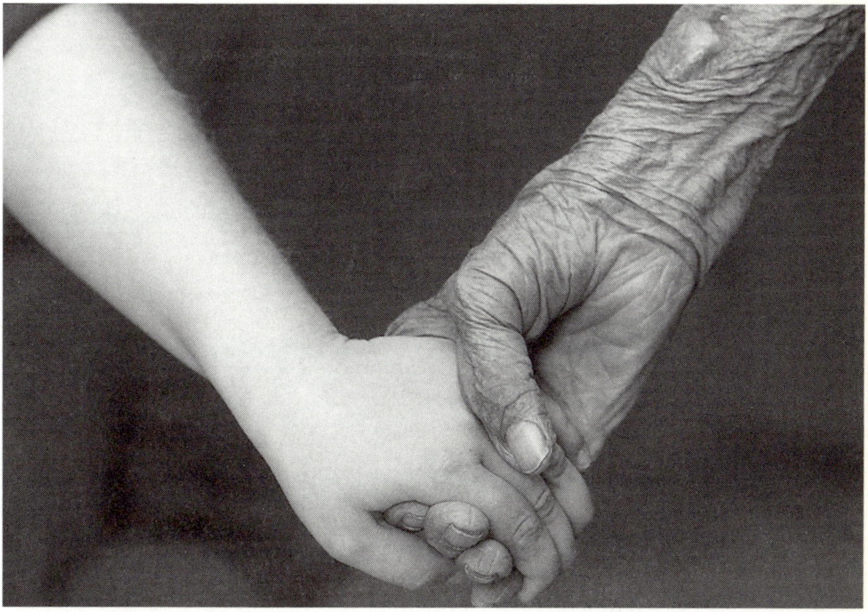

*Hände begleiten: Polytechnische Schule Perg, Fachbereichsgruppe Dienstleistung, Gesundheit, Soziales*

## Von Frauen.Hand

Und alle Tage
Und alle Jahre
Und immer das Neue
Und immer das Alte
Und immer Leben

Und immer säen
Und immer bauen
Und allem wehren
Und kämpfen im Geist
Und arbeiten mit den Händen

Und immer gebären
Und immer nähren
Und allem vertrauen
Und kämpfen im Geist
Und arbeiten mit den Händen

Und immer lieben
Und immer streben
Und alles vergeben
Und kämpfen im Geist
Und arbeiten mit den Händen

Und immer fassen
Und immer lassen
Und alles lösen
Und kämpfen im Geist
Und arbeiten mit den Händen

Und alle Jahre
Und alle Tage
Und immer das Alte
Und immer das Neue
Und immer Leben

Und die Früchte?
Und das Licht?
Und die Seele?

*Z. Feliz Eder, Waxenberg*

*Achtung: Hannelore Mollnhuber, Linz*

**Zärtlichkeit**

kann mich
nicht satt sehen an dir
meine Finger gleiten
über deinen Körper
helfen den Augen sehen

deine Hände
dein Gesicht
jeden Zentimeter
deiner Haut
sehe mich nicht satt an dir

*Roswitha Itzlinger, Krenglbach*

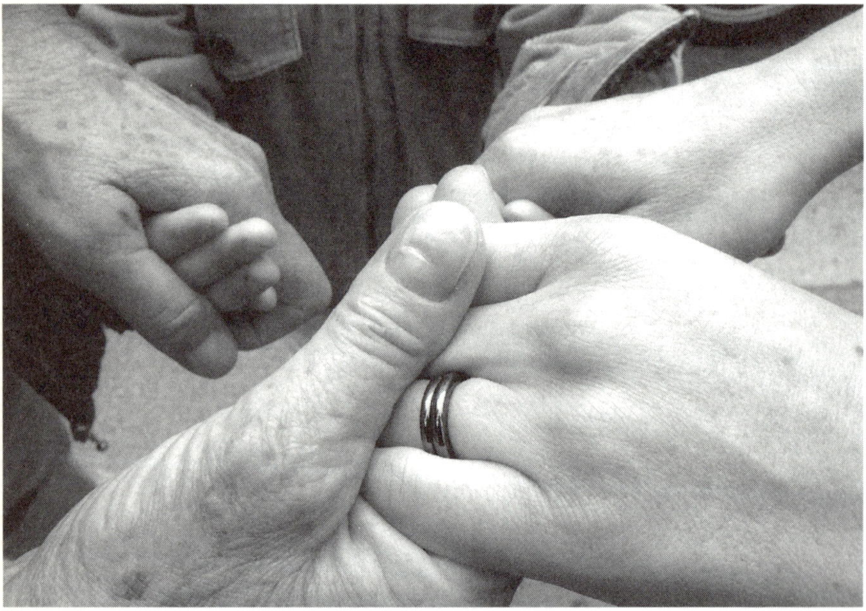
*Oma-Mama-Kind: Hannelore Mollnhuber, Linz*

## Die Hände meiner Mutter

Während ich über meinem Mathematikbuch saß, kam sie und strich mir über die Stirn. Ihre Hand war wie immer kalt, wenn sie von draußen in die Stube trat. Das Einkaufssackerl stand vollgepackt in der Ecke bei der Abwasch. Anstatt aber den Zucker dorthin zu räumen, wo er hingehörte, anstatt das Obst in die Obstschale zu geben, anstatt die Milch in den Kühlschrank zu räumen, ging sie zum Kühlschrank und schenkte sich ihren Lieblingslikör ein. Ich glaube es war ein Ribisellikör, irgend ein „Weibagesöff", wie es mein Vater immer nannte. Sie setzte sich mir gegenüber an den Tisch, nippte an ihrem Likör und blickte mich eine Weile still an. Als ich sie anschaute, fragte sie mich wie es mir bei der Hausarbeit ginge. „Ach, Mathematik ist in Ordnung – aber ich muss heute noch einen Aufsatz schreiben.!" „Und da brauchst du wohl Hilfe?" Sie sagte das in einem eigenartigen Ton. Sie war anders als sonst. Sie drehte eigenartig das Glas zwischen ihren Fingern. Ihre Hände waren zart und immer, wenn sie nicht putzte, cremte sie ihre Hände ein.
Das tat sie auch jetzt, nachdem sie den Likör ausgetrunken hat. Sie hat etwas zu viel Creme erwischt. Ihre Finger rutschen von ihrer linken zur rechten Hand. Sie massiert ihre Hand, dann die andere. Warum fängt sie nicht zu kochen an? Sie blickt mich noch intensiver an. Habe ich irgend etwas angestellt? Ich glaube sie ist wütend. „Heute habe ich Frau Huber getroffen - (Frau Huber ist meine Lehrerin! Ei, jetzt kommt es. Ich habe irgend etwas angestellt! Aber was nur?!) die hat mir Deinen Aufsatz lesen lassen – (Oh nein – weiß Gott, wie viele Rechtschreibfehler ich da gemacht habe?) sie fand ihn sehr amüsant." Amüsant?! Von welchem Aufsatz spricht sie? Sie massiert noch immer ihre Hände. Plötzlich hört sie auf und blickt auf ihre Hände. Sie betrachtet sie so,

als hätte sie sie zum ersten Mal gesehen. „Bin ich wirklich so?“ Ich bin mir nicht sicher ob sie mit mir spricht oder mit ihren Händen. „Bin ich wirklich nichts anderes, als ein Putztier für dich?“ Nun sieht sie mich fragend an, und ich weiß nicht was ich sagen soll. „Frau Huber hat mir gesagt, dass du im Aufsatz geschrieben hast, dass ich den ganzen Tag nichts anderes tue als putzen und du dich wunderst, wie man denn immer nur so viel putzen kann?“ Sie sieht wieder auf ihre Hände, und irgendwie schäme ich mich und weiß aber nicht wirklich wieso. Die Lehrerin hat heute einfach gewollt, dass wir den Tagesablauf unserer Mütter beschreiben. Wir sollten erzählen, was sie so untertags mit ihrer Zeit anfingen. Mir fällt nichts ein, was ich ihr nun sagen soll. Und nun sind auch ihre Hände wütend zur Faust geballt. „Du hättest sehen sollen, wie Frau Huber gelacht hat! Ich kam mir richtig schäbig vor!“ Warum schäbig? Ich verstehe nicht! „Aber es ist doch wahr, dass du den ganzen Tag putzt, ich meine nicht nur putzen, auch aufräumen, bügeln, zusammenkehren, kochen, abwaschen, dem Papa das Badewasser einlassen, mir die Zöpfe flechten, dem Papa den Teller hintragen, Schuheputzen, im Garten Unkraut ausreißen, einkaufen gehen – und ab und zu gehst du auch zum Friedhof die Blumen auf dem Grab gießen.“ Was könnte ich denn noch sagen? Was tut sie denn noch? „Und jeden Freitag schreibst du Briefe.“ Was soll ich denn noch sagen? Sie lässt ihre Hände in den Schoss fallen. Ihr Blick ist nun nicht mehr wütend, aber er ist nun traurig. Ich glaube, ich habe nicht das Richtige gesagt. Aber was soll ich ihr denn sagen? Das ist doch alles wahr?! Sie steht auf, wischt sich die Creme die noch auf ihren Händen ist in einem Tuch ab und beginnt schneller als sonst den Zucker in das Regal zu stellen, das Milchpackerl in den Kühlschrank zu räumen. Ihre Hände greifen mal nach dem Einen und dem Anderen. Sie lässt Wasser in den

Kochtopf rinnen. Sie stellt den Kochtopf auf den Herd. Endlich ist sie wieder normal. „Bist du nun fertig mit Deiner Hausarbeit?“ „Mit Mathe schon, aber ich muss noch den Aufsatz schreiben!“ „Dann gehe in dein Zimmer und schreibe ihn.“ „Aber wolltest du mir nicht helfen?“ „Ich glaube, dass du das ganz gut alleine machen kannst.“ Ich weiß, dass ich sie enttäuscht habe und weiß trotzdem nicht so ganz wieso. In unserem Mühlviertler Dorf putzen doch alle Frauen den ganzen Tag. Auch die Aufsätze der anderen Schüler waren so. Außer die, die zuhause einen Bauernhof haben, da geht die Mutter auch Kühe melken und Stall ausmisten. Warum soll sie sich denn schämen? Ich räume leise meine Schulsachen weg, räume die Federschachtel ein und stehe langsam auf. Ich bin schon bei der Tür, als sie mich zu sich ruft. „Ich bin nicht böse auf dich, weil du die Wahrheit geschrieben hast. Ich würde nur gerne mit meinen Händen etwas anderes anfangen als immer nur putzen. Schau, meine Hände sind genauso wie deine, nur etwas größer. In ein paar Jahren wirst du dieselben Hände haben und dich irgend wann mal fragen, was du mit diesen Händen anfangen sollst? Mit neun Jahren kannst du vieles vielleicht noch nicht verstehen, wenn du aber älter sein wirst und erwachsen bist, dann wirst du mit deinen Händen schon viel gearbeitet haben, am Arbeitsplatz und auch zu Hause. Und vielleicht bist du nicht immer erfreut darüber, was du alles mit ihnen tun musst. Und du wirst feststellen, dass die Arbeit, die für alle selbstverständlich ist, die Arbeit ist, die dir am schwersten fällt. Trage jetzt deine Schulsachen ins Zimmer, hilf mir hier aufdecken, sag deinem Bruder und dem Papa, sie sollen zum Essen kommen und wenn wir die Teller gewaschen haben, schauen wir uns deinen Aufsatz an.“ Ich bin mir nicht sicher, ob ich damals alles verstanden habe. Heute denke ich etwas wehmütig an diese Szene zurück. Ich weiß, dass ich viel erreicht habe, wovon meine

Mutter heute noch träumt. Ihre Leidenschaft für das Putzen habe ich aber nicht geerbt, und im Grunde lässt es sich in einer staubigen Wohnung mit mehr Freizeit gar nicht so schlecht leben.

*Martina Winkler, Milano/Putzleinsdorf*

*Bubestinger Ingrid, Kirchheim im Innkreis*

**Lebensspuren**

Kein Ring schmückte
je diese Hand
da war kein Platz
für diesen Tand.

Auch sonst hat sie
vieles entbehrt
aber mit Tatkraft
fünf Kinder ernährt.

Eine, deine, Hand
die mich lehrt
dass raue und rissige
Hände man ehrt.

*Wilma Solarz, Marchtrenk*

*Lesen: Christine Reitinger, St. Georgen/Attergau*

## Hände

loslassen, festhalten, einkrallen, wegstoßen, Hände reichen, Hände küssen, streicheln, beten, falten, verkrampfen, rau, seidig, sanft, grob, Schrunden, tragen, heben, zittern, glätten, bügeln, waschen, blättern, winken, zeigen, schreiben, schlagen, kratzen, abgebissene Fingernägel, perfekt manikürt, deuten, häkeln, stricken, stützen, drücken, trösten, halten, schmücken, kalt, blass, schwach, kräftig, rund, lang, eingerissenes Nagelbett, überwucherter Halbmond, lackiert, fahrig, nervös, eingepackter Daumen, handlungsunfähig, Handlungsbedarf, Handbreit, handvoll, handsam, handlich, behandeln, verhandeln, einhandeln, Handfläche, Handrücken, Handlinie, Handarbeit, Hand auflegen, selbst Hand anlegen, handzahm, händeln, händisch, Handlinien, Handlesen, Handschlagqualität, Handdeutung, Handlung, handgreiflich, Handschrift, handvoll, leere Hände, handlungsfähig, abhandeln, verhandeln, einhandeln, misshandeln, erhandeln, eigenhändig, beidhändig, zweihändig.

*Wilma Solarz, Marchtrenk*

*Polytechnische Schule Perg, Fachbereichsgruppe Dienstleistung, Gesundheit, Soziales*

**Eine von ihnen**

Meine Mutter war auch eine von ihnen,
sie wollte nach dem Krieg dem neuen Heimatland dienen.
Sie half beim Wiederaufbau von Österreich,
denn für diese Arbeit waren alle Menschen gleich!
Sie fühlte sich bald sehr wohl in der Fremde,
denn alle Frauen reichten sich die schaffenden Hände!

Später heiratete sie und fünf Kinder erblickten das Licht der Welt,
die Liebe zu ihnen war alles, was für sie zählt!
Das Glück war vollkommen, das Leben war schön,
doch dann – es konnte keiner so recht versteh'n –
starb ihr Mann – unser Vater – es kam die Wende,
Mutter war wieder angewiesen auf ihre eigenen Hände!

Es war ein Leben für sie voller Kummer und Leid,
doch für uns Kinder hatte sie immer viel Zeit.
Auch wenn sie manchmal nicht wusste,
was morgen geschieht,
wir haben immer gespürt, wie sehr sie uns liebt!
Wir wurden erwachsen und suchten uns eigene vier Wände,
doch niemals vergessen wir Mutters Trost spendende Hände!

Immer wieder zog es uns alle zu ihr zurück,
Geborgenheit, Fürsorge, Liebe lagen stets in ihrem Blick.
Viele Schicksalsschläge hielt das Leben noch für sie bereit,
doch bis zu ihrem Tod war der Humor ihr guter Freund.

Wenn ich die Augen schließe, jetzt und bis zu meinem Lebensende,
begleiten mich ihr Lachen und ihre zärtlichen Hände!

*Heuzontner Elisabeth, Wels*

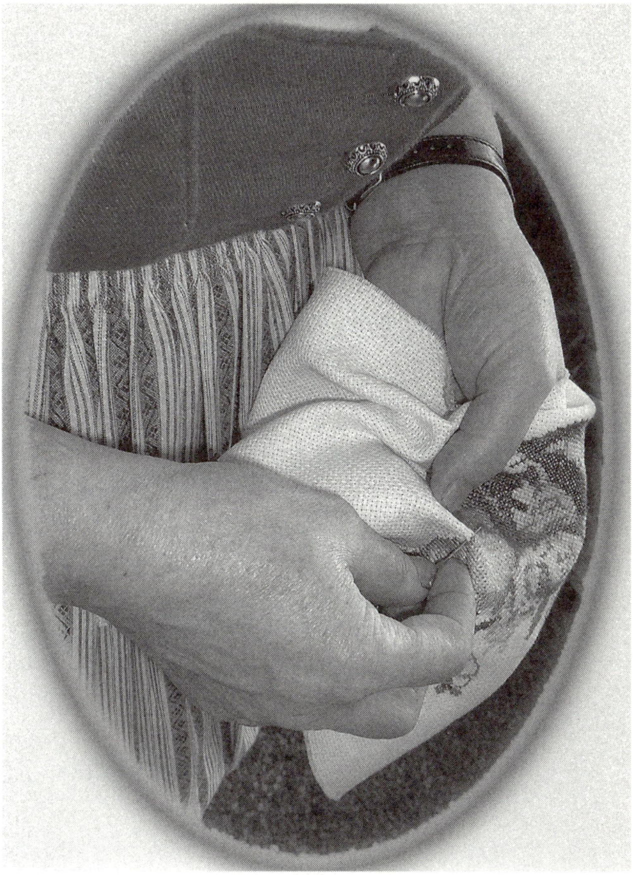

*Moser Brigitte, Mehrnbach*

## Was waar ohne

Händ'
de zuapackn
wann's sei muaß
ah wann alls zsamghaut is
nach an argn Bombnangriff
und trotz all dem Elend rundherum
an Blumenstock mit Rosn
auf's Fensterbrettl
in d' Sunn
stölln

Händ'
de rauh sand
von der starkn Arbeit
und dann so zart und warm
wann's rundherum kalt und finster is
de dar über n'Kopf und d'Haar streichn
wia wann s'sagn möchtn
dass alls wieder
guat wird

solche
Händ'
de möcht ma
heut nuh machmal
gspüarn

*Irmtraud Greifeneder-Itzinger, Asten*

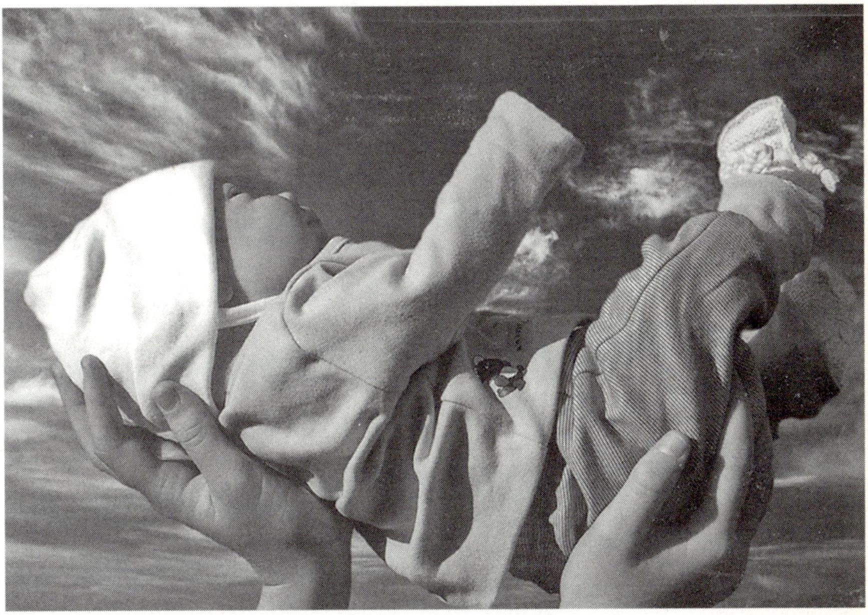

*Mutterhände 2: Polytechnische Schule Perg, Fachbereichsgruppe Dienstleistung, Gesundheit, Soziales*

## Aus Frauenhand

In dieser Zeit, bei gleicher Arbeit weniger Lohn,
das klingt in meinen Ohren ja wie Hohn.
Wenn der Frauenhände Arbeit ist weniger wert,
dann läuft in unserer Gesellschaft vieles verkehrt.

Frauenhände bauen der Familie ein warmes Nest,
das Kinder darin geborgen sein lässt.
Frauenhände viel Liebe und Zeit verschenken
an sich selber wenig denken.
Frauenhände führen die Kinder, halten sie nicht fest
sie kommen wieder, wenn man sie gehen lässt.
Frauenhände bringen Haushalt und Beruf unter einen Hut,
doch das erfordert viel Fleiß und Mut.

Wenn Frauen politisch Verantwortung tragen,
haben Verstand und Herz das Sagen.
Frauenhände haben nicht nur Power, sie haben auch Gefühl,
beschützen wie eine Mauer in des Lebens Gewühl.
Frauenhände nehmen vieles in Kauf,
bekommen sie auch immer wieder Schläge darauf.

Alle müssen begreifen, was Frauenhände tun,
eher dürfen wir in unseren Bemühungen nicht ruhn.
Ich hoffe, es geht bald allen in das Bewusstsein hinein,
ohne Frauenhände wär unsere zivilisierte Welt sehr arm und klein.

Frauenhände sind unentbehrlich im Leben,
ihr Wirken ist für die Menschheit ein Segen.
Darum Frauen habt Mut, seid nicht so bescheiden,
um Frauenhände Arbeit muss uns die ganze Welt beneiden.

*Rosa Lang, Baumgartenberg*

*Moderne Eva: Hannelore Mollnhuber, Linz*

## HANDgriffe

Eine HANDvoll Kinder erziehen,
HANDwarme Frühstückssemmerl streichen,
HÄNDEringend Streit schlichten,
verantwortungsvolles HANDeln zeigen,
HANDgemachte Krapfen backen,
HANDgreiflichkeiten vermeiden,
Argumente mit HAND und Fuß verwenden,
beim HÄNDler um die Ecke einkaufen,
HANDwerkliche Fähigkeiten zeigen,
unzählige Schnupfennasen beHANDeln,
mit HANDkuss Komplimente annehmen,
alle HÄNDE voll zu tun haben,
HAND in HAND zusammenarbeiten.

*Irene Hubinger, Luftenberg*

*Schönmair Katrin, Wels*

**frauenhände**

zarte knospen wart ihr
am beginn
faltenlos und unwissend
offen für die zukunft
hoffnungsvoll
habt euch herangetastet
an das leben
habt sanfte berührung
und harte schläge erfahren
seid daran gereift
tag für tag
habt ihr der welt
weit mehr gegeben
als ihr von ihr empfangen habt
habt aus wenig viel geschaffen
habt kinder genährt
böden geschrubbt
strümpfe geflickt
äcker bestellt
maschinen bedient
habt kriege überdauert
habt euch geballt in wut
habt weinende gesichter
behutsam zugedeckt
habt trost gespendet
in umarmung
wart kranken eine stütze
habt toten zum abschied
übers haar gestrichen
in größtem leid
wart ihr niemals tatenlos
habt dort geholfen
wo die not am größten war

und habt in mancher nacht
heiße tränen von den wangen fortgewischt
die zeit hat euer wahres wesen
freigelegt
die taten all der jahre
zehren wohl an euren kräften
in guten wie in schlechten zeiten
habt ihr genommen und gegeben
aus dem vollen geschöpft
und ebenso leer ausgegangen
am ende angelangt
sei es euch vergönnt
im schoss zu ruhen
nichts mehr erwartend
lasst euch falten
ein letztes mal

*Mag. Sandra Schopf, Linz*

**Inhaltsverzeichnis**